Wilhelm Martens

Über Caspar Hauser - ein Vortrag

Wilhelm Martens

Über Caspar Hauser - ein Vortrag

ISBN/EAN: 9783743643192

Hergestellt in Europa, USA, Kanada, Australien, Japan

Cover: Foto ©ninafisch / pixelio.de

Weitere Bücher finden Sie auf **www.hansebooks.com**

Ueber Caspar Hauser.

Ein Vortrag

von

Dr. Wilh. Martens.

Danzig.
Verlag von Theodor Bertling.

1875.

Vorwort.

Der nachstehende Vortrag, den ich zuerst im October d. J. hieselbst und sodann im December in Marienburg zu Gunsten wohlthätiger Zwecke gehalten habe, ist im Druck erschienen, weil die Veröffentlichung von manchen Seiten gewünscht wurde. Eine ursprünglich auf die Lectüre berechnete Abhandlung wird jedenfalls anders gefaßt, als ein mündlicher Vortrag, dem eine Anzahl von Zuhörern verschiedener Berufskreise beiwohnt. Während man eine Abhandlung mit Citaten, Excursen und literarischen Notizen reichlich auszustatten pflegt, kommt es bei einem Vortrage besonders darauf an, in Betreff des gewählten Gegenstandes die Hauptpunkte scharf hervorzuheben und den Zuhörer in den Stand zu setzen, daß er, ohne durch Einzelnheiten und Abschweifungen ermüdet zu werden, der auf ein entsprechendes Zeitmaaß beschränkten Darstellung leicht und gern folge. Indem ich dies bei der Beurtheilung zu berücksichtigen bitte, bemerke ich noch, daß ich nicht in der Lage war, neue Facta und Beweismomente aufzufinden: ich stützte mich rücksichtlich des Thatsächlichen auf das S. 5 erwähnte Werk von Daumer. Dagegen hoffe ich eine anschauliche Gruppirung und die wahrscheinlichste Ableitung des Namens Hauser (S. 24) geliefert zu haben. Daumer selbst spricht unter Zustimmung mehrerer Recensenten über „das im Hintergrunde liegende Geheimniß" mit großer Zurückhaltung. Ich meinestheils bin aufrichtig überzeugt, daß die entscheidende Annahme des trefflichen Anselm von Feuerbach völlig begründet ist, und glaubte diese Ueberzeugung zum Ausdrucke bringen zu dürfen.

Danzig, im December 1874.

Der Verfasser.

Hochverehrte Anwesende!

Der zweite Pfingstfeiertag des Jahres 1828, der auf den 26. Mai fiel, war in Nürnberg in gewohnter Weise begangen worden. Nach beendigtem Nachmittags-Gottesdienste machten zwei Bürger der Stadt, die Schuhmachermeister Weickmann und Beck einen Spaziergang. Auf dem sog. Unschlittplatze nähert sich ihnen ein junger Mensch von etwa 16 Jahren in bäuerlicher Kleidung und zeigt einen Brief an den Rittmeister von Wessenich in Nürnberg vor. Der Gang und die Haltung des Unbekannten sind im höchsten Maaße schwankend und unsicher: kaum kann er sich sprachlich verständigen und da er auch die erforderliche Legitimation nicht besitzt, wird er alsbald in polizeilichen Gewahrsam gebracht.

Die eben beschriebene, an sich höchst unscheinbare und geringfügige Thatsache bildet den Ausgangspunkt einer in ihrer Art einzig dastehenden historischen Erscheinung. Die Schicksale und die Herkunft des Caspar Hauser (diese Bezeichnung war dem Fremdling in dem erwähnten Briefe beigelegt und blieb ihm seither) sind Gegenstand einer besonderen Literatur geworden: ich will mir erlauben, über jenes Phänomen heute zu sprechen, zumal die betreffende Angelegenheit neuestens wieder mehr in den Vordergrund getreten ist. Im vorigen Jahre erschien ein umfangreiches Buch, betitelt:

„Caspar Hauser. Sein Wesen, seine Unschuld, seine Erduldungen und sein Ursprung, von Georg Friedrich Daumer."

Der Verfasser, der im Jahre 1828 Gymnasialprofessor

in Nürnberg war und mit Hauser in die genaueste Berührung gekommen ist, hat bereits 1832 und 1859 kürzere Mittheilungen und Enthüllungen über denselben geliefert: in dem 1873 herausgegebenen Werke bietet er ein überaus reichhaltiges Material, gegen dessen Anordnung und Verarbeitung sich allerdings Manches einwenden läßt. Im Uebrigen ist Daumer's Auffassung völlig begründet: sie wird bekräftigt durch die Zeugnisse und Urtheile einer Reihe ebenso ehrenwerther als einsichtsvoller und durch Wissenschaft ausgezeichneter Männer, welche gleich Daumer den räthselhaften Jüngling scharf beobachtet haben. Noch lebt in München der Ober=Appellations=Gerichtsrath a. D. von Tucher, welcher im Jahre 1828 Stadt= und Kreisgerichtsrath in Nürnberg war und zeitweise als Vormund Hauser's fungirte. Zu derselben Zeit wirkte in Nürnberg als Daumer's College am Gymnasium Wilhelm Benedict von Hermann, der im Jahre 1868 als Ministerialrath und Universitäts=Professor in München starb und sich durch seine national=öconomischen Schriften große Anerkennung erworben hat. Weit wichtiger noch ist die Auctorität Anselm von Feuerbach's, eines in der That hervorragenden Mannes. Gebürtig aus Hainichen bei Jena lehrte Feuerbach im Jahre 1802 in Kiel und seit 1804 an der später aufgehobenen Universität Landshut die Rechtswissenschaft: endlich wurde er zum ersten Präsidenten des Appellations=Gerichts in Ansbach befördert. Feuerbach, ein ebenso tüchtiger Practiker als gründlicher Theoretiker ist besonders durch seine Leistungen im Gebiete des Strafrechts berühmt geworden. Dabei genoß er den Ruf eines Ehrenmannes im vollsten Sinne des Wortes. Sein Sohn, der bekannte Philosoph Ludwig Feuerbach hat das Leben des Vaters anziehend beschrieben. Wir werden auf Anselm von Feuerbach, dessen Auftreten in der Hauser'schen Sache von eminenter Bedeutung ist, unten genauer zurückkommen.

Der Erste, der den Ankömmling in Nürnberg genauer zu beobachten Gelegenheit hatte, war der Gefängnißwärter Hiltel: aus Hiltel's, Daumer's, Tucher's und Anderer übereinstimmenden Angaben läßt sich folgende Schilderung des Betreffenden ableiten.

Hauser war von kleiner, untersetzter Figur, starkem Knochenbau und nicht ungesunder Gesichtsfarbe. Am Abend des erwähnten Pfingsttages sank er todtmüde hin: er konnte sich kaum aufrecht erhalten. Seine völlig weichen und schwielenlosen Füße waren mit Blasen und wunden Stellen bedeckt. Auch am folgenden Tage wurde ihm das Gehen recht schwer. Nicht minder weich und zart als die Füße waren die Hände: er schien in deren Gebrauch ganz ungeübt. Höchst sonderbar spreizte er die Finger auseinander und wußte kaum, wie er eine Sache angreifen, festhalten oder tragen sollte. Er nahm ausschließlich Wasser und Brod zu sich: als man ihm andere Speisen und Getränke, die er mit Abscheu zurückwies, gewaltsam aufdrang, mußte er sich erbrechen und wurde krank. Einige Monate später kostete er ein Paar Tropfen frischen Weinbeersaftes: alsbald stellte er das vollkommene Bild eines Betrunkenen dar und mußte sich zu Bette begeben.

Das Tageslicht behagte ihm im Allgemeinen nicht: war er dem hellen Sonnenschein ausgesetzt, so schmerzten ihn die Augen und entzündeten sich. In der Dämmerung sah er besser als bei Tage. Er brauchte kein Licht, um sich des Nachts im Hause zurecht zu finden: wo Andere wegen der Dunkelheit Nichts wahrnahmen, unterschied er nicht bloß die Umrisse, sondern auch die Farben. Ueberhaupt schien es für ihn keine völlige Finsterniß zu geben.

Erstaunlich war seine Unkunde in Betreff der einfachsten Naturerscheinungen und gewöhnlichsten Vorgänge des Lebens. Es wird ausdrücklich bezeugt, daß er unbefangen in die brennende Flamme eines Lichts gegriffen habe, in der Meinung, dieselbe sei ein fester Gegenstand. Daß er einmal klein oder kleiner gewesen, konnte er weder glauben noch einsehen: er behauptete, immer so groß gewesen zu sein, als er gegenwärtig sei. Von Vater und Mutter hatte er keine Vorstellung. Als man ihm das Verhältniß so zu erklären suchte, daß zwar auch andere Personen gut, Vater und Mutter aber diejenigen seien, welche einem Menschen am meisten Liebes und Gutes thäten, drückte er sein Befremden darüber aus, daß er keine habe und warum er keine habe.

Wie schon vorhin bemerkt, vermochte er bei seinem Einzuge in Nürnberg kaum zu sprechen: er brachte nur mechanisch einzelne Worte und abgerissene Sätze vor, die er selbst nicht zu verstehen schien. Es mußte ihm also wie einem Kinde im zweiten oder dritten Lebensjahre das Sprechen förmlich beigebracht werden, eine Mühe, der sich namentlich Daumer mit Vorliebe unterzog. Bei diesen ersten Sprechübungen trat die Erscheinung hervor, über welche Kant in seiner Anthropologie sich so vernehmen läßt:

„Es ist merkwürdig, daß das Kind, auch wenn es schon ziemlich fertig sprechen kann, doch ziemlich spät, vielleicht erst ein Jahr nachher, mit „ich" zu reden beginnt, bis dahin aber von sich in der dritten Person spricht: „Carl will essen" u. dgl., und daß ihm gleichsam ein Licht aufgegangen zu sein scheint, wenn es anfängt: „ich" zu sagen, so daß es von dem Tage an nie wieder in jene Sprechart zurückfällt."

So sprach auch Hauser anfangs von sich in der dritten Person und gebrauchte ganz in Kindesweise vorherrschend die Infinitive: „Caspar frank sein" u. dgl. —

Man begreift, wie sehr das Verlangen gerechtfertigt war, von Hauser selbst, sobald er die nöthige Sprachfertigkeit erlangt hatte, zu ermitteln, wo und wie er vor seinem Eintreffen in Nürnberg gelebt habe. Das Ermittelte haben Tucher und Hermann mit Sorgfalt protocollarisch aufgezeichnet. Laſſen wir der größern Lebendigkeit wegen den Findling ſelbſt ſprechen:

„Soweit ich mich ſicher erinnern kann, habe ich nur einen und denſelben ſtändigen Aufenthaltsort gehabt. Die Wände waren von Stein: der Boden war von Lehm. Ich ſaß oder lag auf Stroh, das am Kopfe eine Erhöhung bildete. Das Gemach oder die Kammer war ſo eng, daß ich die Seitenwände mit den Händen erreichte, ohne dieſe wagerecht ausſtrecken zu können. Die Höhe des Gemachs kann ich nicht angeben, weil ich nie nach oben geſehen habe. Bekleidet war ich mit ledernen Hoſen und mit einem Hemde: als Ueberwurf diente mir eine wollene Pferdedecke. Da ich nicht aufſtehen, ja nicht einmal fortrutſchen konnte, bin ich wohl auf eine Weiſe, die ich mir nicht recht erklären kann, feſtgebunden geweſen. Das Gemach war dunkel: die beiden kleinen in der Wand angebrachten Oeffnungen hatte man von Außen mit Holzſtücken verlegt: nur an dem Wechſel von Dämmerung und eigentlicher Finſterniß konnte ich den Unterſchied von Tag und Nacht wahrnehmen. Meine einzige Nahrung war Brod und Waſſer. Wenn ich des Morgens erwachte, fand ich den Waſſerkrug gefüllt und friſches Brod: letzteres war immer zur Genüge da, wogegen ich oft mehr Waſſer gewünſcht hätte. Für Alles, was zur Reinlichkeit gehörte, wie u. A. das Wechſeln des Stroh's und der Wäſche muß des Nachts, während ich ſchlief, geſorgt worden ſein. Ein Ofen oder ein Inſtrument zur Erwärmung war nicht vorhanden."

„Zum Spielzeug dienten mir zwei hölzerne Pferde und ein hölzerner Hund, die auf Brettchen mit Rollen ſtanden. Nie hatte ich einen Laut von Außen gehört, nie irgend jemanden geſehen, als ſich plötzlich durch die hinter meinem Kopf befindliche Thür, die ich nicht erblicken konnte, ein Mann einſtellte. Was dieſer zu mir ſagte, verſtand ich damals gar nicht oder nur zum Theil. Da ich mich jedoch der Worte noch erinnere, bin ich jetzt im Stande, Folgendes als deren Sinn anzugeben. Der Mann erklärte, er wolle mich zu meinem Vater führen, ich müsse aber noch meinen Namen schreiben lernen. Darauf stellte er einen niedrigen Stuhl vor mich, legte Papier hin, schrieb die Worte Caspar Hauser vor und führte mir die Hand zum Nachschreiben. Später kam er wieder und als er gemerkt hatte, daß ich meinen Namen schreiben konnte, sagte er mir noch mehrere Worte und Sätze vor. Ich erhielt andere Kleider und wurde von dem Mann in's Freie getragen. Zum ersten Mal sah ich das Tageslicht und grünes Gras. Der Mann trug mich eine weite Strecke: dann setzte er mich ab, um mir das Gehen beizubringen. Ich lernte gehen: wir gingen weiter, ich mußte mich aber oft hinsetzen. Endlich waren wir in der Nähe der Stadt. Da sagte der Mann, jetzt würde ich zu meinem Vater kommen. Er gab mir einen Brief in die Hand und entließ mich mit dem Versprechen, bald wieder zu kommen."

Es bedarf nun keiner Auseinandersetzung, wie sehr die vorhin mitgetheilten Beobachtungen mit den eigenen Aussagen des Unglücklichen übereinstimmen. Welch' ein erschütterndes Bild! Ohne jede menschliche Einwirkung und Beihülfe, ohne Bewegung, ohne Arbeit und Beschäftigung, abgesperrt von dem Hauche der Natur und dem Verkehr mit der Außenwelt hatte Hauser länger als 10 Jahre, vielleicht sogar ein halbes Menschenalter in jenem engen, dunkeln, unerwärmten Kerker zubringen müssen! Kein Wunder, daß seine Hände und Füße weich und zart waren, daß er bei der ausschließlichen Beschränkung auf Wasser und Brod andere Nahrungsmittel weder verlangte noch vertragen konnte: kein Wunder endlich, daß ihm die menschlichen Dinge völlig unbekannt waren.

Was lesen wir aber in dem Briefe, den Hauser in Nürnberg vorzeigte? Es heißt daselbst, daß der Briefsteller ihn als Kind von einer unbekannten Mutter empfangen, nicht aus dem Hause gelassen und „christlich erzogen" habe. Fürwahr in den letzten Worten äußert sich gegenüber der himmelschreienden Behandlung des lebendig Begrabenen ein wahrhaft gräßlicher, diabolischer Hohn!

Einige Wochen nach der Ankunft in Nürnberg, Juli 1828 wurde Caspar zu Daumer, der mit seiner Mutter zusammenlebte, ins Haus genommen, wo er bis Januar 1830 blieb. Dann kam er nach einem kürzeren Aufenthalt bei dem Magistratsrath Biberach zu Tucher, der zugleich die Vormundschaft führte. Seit Ende 1831 lebte er in Ansbach als Pensionär des Lehrers Meyer. Im October 1832 begann daselbst der Religionsunterricht bei dem Prediger Fuhrmann: im Mai 1833 erfolgte die Confirmation. Ob man Caspar Hauser als bereits früher getauft ansah, oder ob erst in Ansbach die Taufe ertheilt wurde, ist aus Daumer's Werk nicht zu entnehmen.

In Folge der früheren Abgeschlossenheit zeigten Caspar's Sinne längere Zeit noch eine große Empfindlichkeit. Sogar der Duft von Blumen war ihm anfangs zuwider: völlig unerträglich schien ihm der Aufenthalt in einer Apotheke. Nur sehr allmählich konnte er sich an animalische Kost, namentlich an Fleischspeisen gewöhnen. Sobald aber die Gewöhnung an dieselbe eingetreten war, nahm nicht nur die frühere Reizbarkeit der Nerven, sondern auch die bewunderungswürdige Schärfe seines Gehörs ab. Gegen alle geistigen Getränke, wie Bier und Wein behielt er stets den entschiedensten Widerwillen. Wie tief die Vorliebe für das Wasser bei ihm eingewurzelt war, mag aus folgendem Vorfall erkannt werden. Jemand bemühte sich, ihm das Verhältniß zwischen Leib und Seele klar zu machen und sagte dabei gleichnißweise: „Leib und Seele sind mit einander verbunden, wie wenn Wein und Wasser durch einander gemengt werden: jedes von beiden bleibt, was es ist, und doch sind sie verbunden." Sofort entgegnete Hauser: „Dadurch wird ja aber das Wasser verdorben!"

Großen Eindruck machte auf ihn die Musik. Unbeschreiblich war sein Entzücken und Erstaunen, als er im August 1828 zum ersten Mal den gestirnten Himmel erblickte. Zugleich aber verfiel er bei dem Gedanken, wie viel Schönes ihm durch seine Einsperrung entzogen worden, in die tiefste Schwermuth und brach in ein langes, schwer zu stillendes Weinen aus.

Sein Geist glich einem unbestellten Arbeitsfeld, einer tabula rasa, die Alles, was dargeboten wurde, aufnahm und behielt. Mit Hülfe eines vorzüglichen Gedächtnisses erwarb er sich ohne Mühe in kurzer Zeit die für das Leben erforderlichen Kenntnisse. Daumer theilt ein Schreiben mit, welches er im Jahre 1832 von Hauser aus Ansbach erhalten hatte. In diesem Brief erzählt Hauser von einem Besuche bei dem Bischof von Eichstätt und richtet eine Bestellung von Feuerbach aus. Die Orthographie und der Stil sind im Allgemeinen genügend. Merkwürdiger Weise ist gerade der erste Satz mißrathen: derselbe lautet:

„Hochgeehrter Herr Professor!

Warum ich Ihnen so lange nicht geschrieben, ist nicht, als hätte ich Ihnen nicht schreiben wollen oder dürfen: ich will Ihnen gleich den Grund davon sagen."

Recht ansprechend und verhältnißmäßig bedeutend ist folgendes bereits im Jahre 1829 gefertigtes Gedicht:

„Mein erstes Jahr begrüß' ich heut
In Dank und Liebe hocherfreut.
Von vieler Noth und Last gedrückt,
Von heute an genieß' ich, was mein Herz entzückt,
Und fühl' auch jetzt mich hochbeglückt.
In meinem ersten Jahre steh' ich nun.
Da giebt's erstaunlich viel zu thun,
Zum Schreiben und zum Malen,
Zum Rechnen oft mit Zahlen.

Gott wollte, daß ich sehe, wie's in der Welt hergeht,
Um zu lesen, was in den Büchern steht,
Und anzubauen mein Gartenbeet.
Gott wird die Kraft mir geben in Jugendtagen,
Um die Klugen auszufragen.
Jetzt muß ich mich vorbereiten,
Täglich fortzuschreiten.
Ein Schritt ist nicht gar viel;
Doch führt er mich noch zu mein' erwünschten Ziel."

Sowie sich in diesem kindlichen Erguß eine ungeschminkte Frömmigkeit ausspricht, so war auch Caspar Hauser's sittliche Haltung namentlich in den drei ersten Jahren eine musterhafte. Er war erfüllt von großer Wahrheitsliebe, Dankbarkeit und Hingebung an seine Wohlthäter: er zeigte sich gehorsam, nachgiebig und sanftmüthig. Allerdings zahlte auch er in den folgenden Jahren der menschlichen Schwäche seinen Tribut. Je mehr er in Ansbach mit Menschen und nicht immer mit den besten in Berührung kam, desto mehr bewahrheitete sich auch an ihm das Wort des Apostels Jakobus: „in vielen Dingen fehlen wir Alle."

Leider warteten seiner noch erschütternde Erfahrungen. In demselben Jahre, in welchem er sich, wie das Gedicht bezeugt, so hoch beglückt fühlte, nahte ihm eine Frevlerhand. Caspar verweilte am 17. October 1829 Vormittags in einer Kammer, welche dem Hausflur der Daumerschen Wohnung nahe gelegen war. Plötzlich stürzte ein Mann auf ihn los und versetzte ihm eine Kopfwunde, die zwar nicht tödtlich war, aber einen heftigen Blutverlust hervorrief und ein längeres Krankenlager zur Folge hatte. Kurz vor der Ausführung des Verbrechens kam an jenem Tage ein 9jähriges Mädchen in das Daumersche Haus, um den Milchbedarf abzugeben. Das Kind hat später Folgendes ausgesagt: „Als ich die Treppe hinaufstieg, sah ich hinter der Kammerthür eine Gestalt mit schwarzem Gesicht und blinkendem Beile in der Hand: sofort entfloh ich in höchster Angst." Hauser selbst erklärte, das Gesicht des Mannes sei mit einem schwarzen Tuche verschleiert gewesen. Wahrscheinlich bestand der Schleier aus einem dunkeln Flor, der jenen Menschen unkenntlich machte, für ihn selbst aber durchsichtig war. Uebrigens hat man von dem Thäter keine Spur weiter entdecken können: somit sind die Aussagen benachbarter Personen, welche an jenem Vormittage ein unbekanntes verdächtiges Individuum wahrgenommen haben wollten, ohne Einfluß geblieben. In den handschriftlichen Resten Hauser's aus dem gedachten Jahr ist ein Blatt gefunden worden, welches Bruchstücke von Versen enthält. Aus den lückenhaften Vorlagen, die jedenfalls das eben beschriebene Verbrechen in's Auge fassen, hat Daumer folgendes Gedicht construirt:

„O sieh', Du böser Mensch, in die Natur,
Wie herrlich sie in Zeit
Und Ewigkeit für uns bereit:
Sieh' an den Baum, das Feld, die ganze Flur,
Und denke, wie mich Gott hat aus der Nacht
Mit größter Freundlichkeit ans Licht gebracht!
Das Eisen, das mich schlug, hat Nichts genützt.
Ich lebe noch, so nah' der Tod mir stand.
Und alle Menschen sagen mir: „Gott schützt
Dich ferner noch mit seiner güt'gen Hand."

Die Hoffnung des Unglücklichen, fortan seine Lebenstage in ungestörter Ruhe zubringen zu dürfen, ging nicht in Erfüllung. Kaum waren einige Jahre vergangen, da wurde wiederum ein Dolch gegen ihn gezückt. Der Stoß war gut berechnet und erfüllte seinen Zweck. Es war am 14. December 1833 Nachmittags zwischen 4 und 5 Uhr. Hauser durchschritt den Ansbacher Hofgarten. Unweit des dem Dichter Johann Peter Uz gesetzten Denkmals empfing er eine tödtliche Stichwunde, erlag aber erst einige Tage später den schrecklichen Leiden. Die Merkmale des Mörders beschrieb Hauser so: „Der Mann hatte einen schwar=

zen Schnurr- und Backenbart, rothes Gesicht, dunkelbraune Haare und mag 50 Jahre alt gewesen sein. Er trug einen Mantel mit Kragen und einen runden schwarzen Hut." Eine derartige Erscheinung wurde am 14. December sowohl vor als nach dem Mordanfall von Ansbacher Einwohnern bemerkt. Zwischen 12 und 1 Uhr Mittags kehrte der muthmaßliche Thäter in einem Gasthause ein und suchte den Weg nach Nördlingen zu erfragen. Später gegen 5 Uhr sah man einen Unbekannten schnellen Schrittes den Hofgarten verlassen und der nach Nürnberg führenden Chaussee zueilen.

Vergebens waren alle Untersuchungen und Nachforschungen. Der Mörder wurde von dem Arm der Gerechtigkeit nicht erreicht.

So starb denn Caspar Hauser am 17. December 1833 mit vollem Bewußtsein, tief betrübt und bekümmert, aber ohne Bitterkeit gegen seine Feinde und ergeben in den Willen Gottes.

Der Bürgermeister von Nürnberg widmete ihm einen Nachruf, in dem es heißt:

„Im ewigen Frühling jenseits wird der gerechte Gott ihm die gemordeten Freuden der Kindheit, die untergrabene Kraft der Jugend und die Vernichtung für ein Leben, das ihn erst seit 5 Jahren zum Bewußtsein des Menschen erhoben hatte, reich vergelten. Friede seiner Asche!"

Man begrub ihn auf dem Johannis-Kirchhof zu Ansbach; seinen Grabstein ziert eine lateinische Inschrift, die in Uebersetzung so lautet:

„Hier ruht Caspar Hauser, das Räthsel seiner Zeit. Unbekannt war sein Ursprung, geheimnißvoll sein Tod."

Auch die Stelle, an welcher im Hofgarten der Meuchelmord erfolgte, ist der Nachwelt durch ein mit ähnlicher Inschrift versehenes Denkmal erhalten worden.

Hochverehrte Anwesende! Werfen wir einen Rückblick auf die vorgeführten Beobachtungen, Aussagen und Ereignisse, so werden wir gewiß denen nicht beistimmen, welche in früherer Zeit und wiederum neuestens versucht haben, Hauser als einen abgefeimten Betrüger darzustellen, der schließlich selbst Hand an sich gelegt habe. Vielmehr wird sich uns, auch wenn wir, alle Phantastereien abweisend, nüchterne Kritik üben wollen, wie von selbst die Erwägung aufdrängen:

Es liegt im Hintergrunde ein **furchtbares Geheimniß**, und wegen dieses Geheimnisses hat sich um den Unglücklichen so zu sagen von der Wiege bis zum Grabe ein unzerreißbarer Ring schwarzer Thaten geschlossen.

Solche Ahnungen bestürmten auch den edlen Anselm von Feuerbach. Sein angeborner Sinn für Recht und Wahrheit ließ ihm keine Ruhe. Er forschte mit geistiger Ueberlegenheit und durchdringendem Scharfsinn. Das Resultat, zu dem er gelangte, war der Art, daß Viele an seiner Stelle sich begnügt haben würden, mit einzelnen Vertrauten unter vier Augen sich zu besprechen und höchstens festzusetzen, daß nach erfolgtem Ableben mit der Veröffentlichung vorgegangen würde. Aber Feuerbach war kein Mann der halben Maaßregeln und der schwächlichen Rücksichten. Mit der ganzen Kraft eines ehrlichen Gemüthes gab er seiner Ueberzeugung den erforderlichen Ausdruck. Er schrieb im Anfang des Jahres 1832 eine Broschüre: "Caspar Hauser. Beispiel eines Verbrechens am Seelenleben." Bald darauf aber trat er mit einer epochemachenden Denkschrift hervor, aus welcher die folgenden Punkte von höchster Bedeutung sind. Nach Feuerbach ist Caspar Hauser:

1) ein **eheliches Kind**. Wäre es bloß darauf angekommen, die Mutter- oder Vaterschaft eines unehelichen Kindes zu verbergen, so hätte es gefahrlosere und weniger grausame Mittel gegeben, als eine so vieljährige Einsperrung und endliche Aussetzung.

2) Bei den an Hauser begangenen Verbrechen waren Personen betheiligt, die über g r o ß e , a u ß e r g e w ö h n l i c h e M i t t e l gebieten konnten und demgemäß im Stande waren, bereitwillige Werkzeuge zu finden und unliebsame Hindernisse zu beseitigen.

3) Caspar Hauser muß eine Person sein, an deren Leben und Tod sich g r o ß e I n t e r e s s e n knüpfen. Feuerbach beruft sich zum Beweise dessen auf den Nürnberger Mordversuch vom Jahre 1829, wobei man festhalten muß, daß er den an Hauser vollzogenen Mord nicht mehr erlebte.

4) Hauser wurde entfernt, damit Andere neue Vortheile gewönnen oder sich in dem Besitz des Erworbenen behaupteten.

5) Er muß eine Person von hoher Geburt, von f ü r s t l i c h e m S t a n d e sein.

6) Da er ein vornehmes Kind war, so kann er nicht wie zufällig verschwunden sein: man hat ihn daher unter den f ü r t o d t G e h a l t e n e n oder für todt Erklärten zu suchen.

7) An Stelle des bei Seite geschafften Hauser schob man ein anderes verstorbenes oder sterbendes Kind unter, welches darauf als todt ausgestellt und begraben wurde.

Feuerbach tritt dann der Frage näher, in welchem Regentenschlosse Hauser's Wiege gestanden haben dürfte. Er antwortet kühn und fest: in dem b a d i s c h e n. Und wem übergiebt er die Denkschrift mit einem so befremdenden und erschütternden Resultat? Der damaligen bayrischen Königin Caroline, einer gebornen Prinzessin von Baden!

Bevor wir nun die genauere Untersuchung Feuerbach's über Hauser's muthmaßliche Eltern mittheilen, wollen wir die verwandschaftlichen Verhältnisse der badischen Fürstenfamilie, soweit sie für unsere Zwecke in Betracht kommen, rein thatsächlich darstellen.

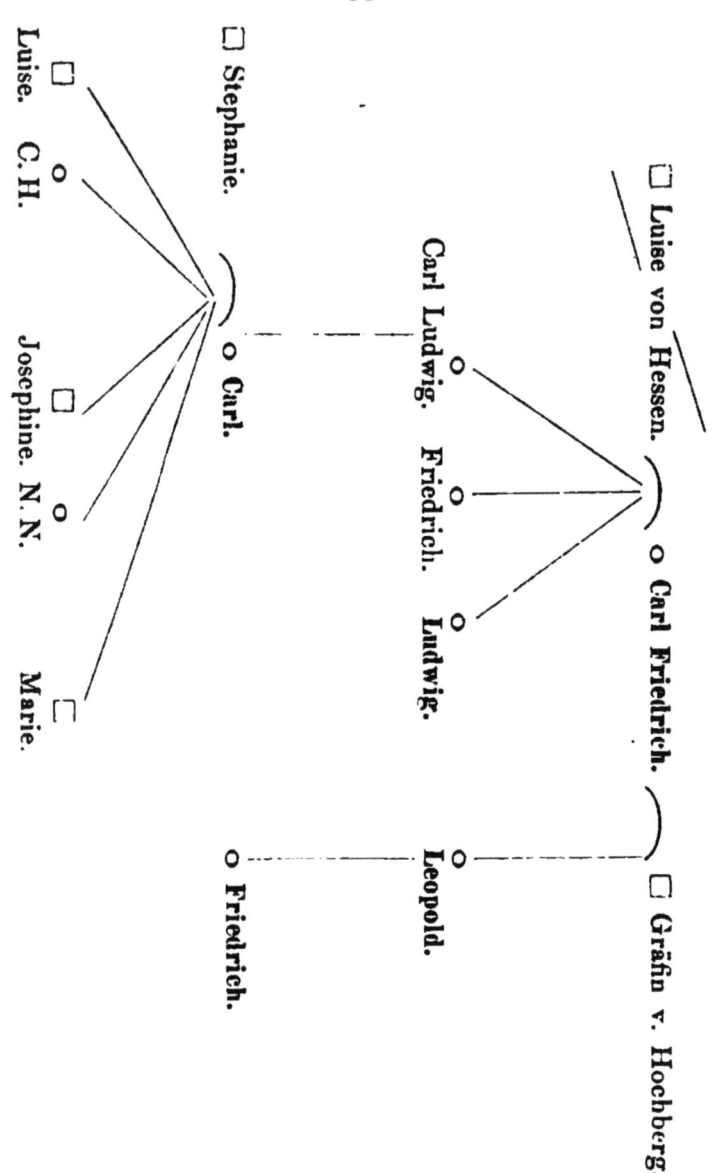

Zur Erläuterung der vorstehenden Stammtafel sei Folgendes bemerkt:

1) Caspar Hauser's wahrscheinlicher Platz in dem Fürstenhause befindet sich in der untersten Zeile mit der Abbreviatur C. H.

2) Die Namen derjenigen badischen Fürsten, welche als Großherzoge den Thron inne hatten, beziehungsweise inne haben, sind durch fetten Druck hervorgehoben.

3) Hergebrachtermaßen dient zur Bezeichnung der männlichen Person ein Kreis, zur Bezeichnung der weiblichen Quadrat.

4) Die Ehe zweier Personen ist durch einen zwischen den Betheiligten angebrachten Halbkreis ausgedrückt, wie auf der ersten und dritten Zeile.

5) Der Name der in der obersten Zeile links angeführten Luise von Hessen ist durchstrichen worden, um deren Tod anzudeuten. Luise war die erste Gemahlin Carl Friedrich's: nach deren Tode erfolgte die zweite Ehe mit der rechts angegebenen Gräfin Hochberg.

6) Die senkrechten Striche bezeichnen das Verhältniß unmittelbarer Zeugung und Abstammung. So sind der Erbprinz Carl Ludwig, Prinz Friedrich und der Großherzog Ludwig, Söhne Carl Friedrichs aus erster Ehe. Leopold ist ein Sohn desselben aus zweiter Ehe. Carl, der sich mit Stephanie verheirathete, ist Carl Ludwig's Sohn; die in der untersten Zeile angegebenen fünf Personen sind Kinder Carl's und Stephanie's, wie der rechts in der dritten Zeile angemerkte jetzt regierende Großherzog Friedrich ein Sohn Leopold's ist.

Gestatten Sie mir nun einige geschichtliche Bemerkungen über die Genealogie des badischen Hauses.

Carl Friedrich, seit 1803 Kurfürst, nahm, nachdem das römische Kaiserreich deutscher Nation durch den napoleonischen Rheinbund gesprengt worden war, den Character als souverainer Großherzog von Baden an. Nach dem Tode seiner ersten Gattin Luise von Hessen vermählte sich Carl

Friedrich, wie schon gesagt, zum zweiten Male, und zwar im Jahre 1787. Er heirathete aber nicht standesgemäß, sondern schloß eine sog. morganatische Ehe oder Ehe zur linken Hand mit Caroline Luise Geyer von Geyersperg, die später durch kaiserlichen Erlaß zur Gräfin von Hochberg erhoben wurde. Nach deutschem Fürstenrechte waren die in morganatischer Ehe erzeugten Kinder an sich nicht fähig zur Thronfolge, weshalb sie nach ihrer Mutter nur als Grafen und Gräfinnen von Hochberg bezeichnet wurden. Von den vollbürtigen Söhnen Carl Friedrich's aus erster Ehe kam Carl Ludwig (der älteste Sohn) nicht zur Regierung: er war bereits 1801 auf einer Reise in Schweden verunglückt. Demgemäß bestieg dessen Sohn Carl 1811 den Thron. Der neue Großherzog Carl vermählte sich mit Stephanie Beauharnais, einer Adoptivtochter Napoleon's I. Während Stephanie bis zum Jahre 1860 lebte, starb Carl schon im Jahre 1818 mit Hinterlassung dreier Töchter, Luise, Josephine, Marie. Die älteste vermählte sich mit dem österreichischen Feldmarschall Prinzen Wasa und starb 1844. Die zweite heirathete den Fürsten Carl von Hohenzollern-Sigmaringen, die jüngste den englischen Herzog von Hamilton: beide sind noch gegenwärtig am Leben.

Außer den drei Töchtern waren dem Großherzog Carl auch zwei Söhne zu Theil geworden, die wir mit C. H. und N. N. bezeichnet haben. Der ältere wurde September 1812, der jüngere April 1817 geboren. Beide starben aber nach Mittheilung der offiziellen Carlsruher Zeitung bereits in der Wiege, der eine October 1812, der andere Mai 1817. Wie es scheint, blieben dieselben ungetauft, wenigstens wurden ihnen keine Vornamen beigelegt. Da nun Carl keine männlichen Leibeserben hinterließ, kam 1818 sein Onkel Ludwig zur Regierung, der unvermählt und kinderlos starb. Mit ihm erlosch der Mannesstamm der Zähringer Dynastie von Baden.

Indessen hatte bereits Carl Friedrich durch ein Hausgesetz von 1806 die aus seiner morganatischen Ehe entsprossenen Nachkommen unter dem Titel der Markgrafen von Baden legitimirt und ihnen dadurch die Rechtsfähigkeit zur Thronfolge verschafft. Zur Bekräftigung des Actes ging sein Sohn Großherzog Ludwig mit Oesterreich, Preußen, England und Rußland einen Staatsvertrag ein, durch welchen sich die gedachten Mächte verbindlich machten, das durch das Hausgesetz gewährte Erbfolgerecht der betreffenden Nachkommen anzuerkennen. In Folge dessen gelangte nach dem Tode Ludwig's der bisherige Markgraf Leopold, der älteste Sohn der Gräfin Hochberg, der Vater des jetzt regierenden Großherzogs Friedrich auf den Thron.

Die so eben gegebene geschichtliche Darstellung zeigt uns die immerhin auffallende Thatsache, daß die meisten männlichen Nachkommen Carl Friedrich's aus erster Ehe frühzeitig dem Tode erliegen, während die weiblichen sich eines langen Lebens erfreuen. In dem Zeitraume von 18 Jahren starben nicht weniger als fünf Agnaten: Erbprinz Carl Ludwig, Prinz Friedrich, Großherzog Carl und dessen zwei Söhne. Das älteste dieser beiden Kinder wurde nach der Niederkunft der Großherzogin Stephanie September 1812 in dem Bülletin als ganz gesund bezeichnet. Aber schon am 17. October meldete die amtliche Carlsruher Zeitung:

„Gestern Abend nach 8 Uhr wurde unsere Stadt durch die Nachricht, daß der neugeborene Erbgroßherzog verschieden sei, in Trauer und Bestürzung versetzt."

Von der Ursache des Todes oder der Beschaffenheit der tödtlichen Krankheit erwähnte das Blatt nichts. Auch in Betreff des jüngeren Prinzen war officiell gemeldet worden, daß er gesund zur Welt gekommen sei.

Aber bald darauf brachte die Zeitung die unerwartete Nachricht, daß der Prinz „in Folge eines sehr beschwerlichen Zahnausbruches" gestorben sei.

Feuerbach behauptet nun mit aller Entschiedenheit, daß Caspar Hauser Niemand anders sei, als der im Jahre 1812 geborene und todtgesagte Sohn des Großherzogs Carl und der Großherzogin Stephanie. Zugleich betont er, daß ein in Carlsruhe 1826 erschienener genealogischer Kalender, der sich auf amtliche Angaben stützte, mit peinlicher Umständlichkeit längst verstorbene weibliche Glieder des badischen Fürstenhauses aufführt, dagegen die beiden Söhne Carls mit keiner Silbe erwähnt und weder von ihrer Geburt noch von ihrem Ableben irgend welche Notiz nimmt. Gewiß, ein sehr bedeutungsvoller Umstand, ganz geeignet, den schlimmsten Verdacht zu erregen! Indessen ist erst nach Feuerbach's Tode in neuerer Zeit ein eigentlicher Beweis dafür geliefert worden, daß der 1812 geborene Erbprinz in dem gedachten Jahre nicht gestorben sei. Eine schriftliche Aufzeichnung, deren Ursprung später zur Sprache kommen wird, sagt Folgendes:

„In der Nacht vom 15.—16. October 1812 drang die Gräfin Hochberg in das Schlafzimmer des jungen Erbprinzen und entführte das Kind, während die anwesenden Domestiken schliefen. An Stelle des Prinzen wurde das sterbende oder schon gestorbene Kind einer armen Bäuerin in die Wiege gelegt."

Es wird dann weiter erzählt, daß unter Beihülfe mehrerer Mittelspersonen der Prinz zunächst in ein benachbartes Schloß gebracht worden sei.

Hören wir jetzt die Erzählung einer Frau, die dem neugeborenen Prinzen 1812 als Amme beigegeben war und 1857 dem Geheimen Rathe und Professor Welcker ihr Herz ausschüttete:

„Ich hatte an dem entscheidenden Octobertage den Prinzen gestillt und begab mich zu den Meinigen, um der Erlaubniß gemäß bis zum Abend bei ihnen zu bleiben. Mitten im Familienkreise überfiel mich eine innere Unruhe, die ich mir nicht erklären konnte: ich ging deßhalb früher als gewöhnlich zum Schlosse zurück. Als ich ankam, wurde ich nicht zugelassen: man sagte mir, das Kind sei erheblich erkrankt. Da ich ungeachtet meiner wiederholten und dringenden Bitten stets zurückgewiesen wurde, wollte ich die Mutter des Prinzen sprechen. Aber auch dies wurde mir nicht gewährt: es hieß, die Großherzogin sei krank und lasse Niemanden vor. Endlich traf ich eine zu der nächsten Bedienung der Fürstin gehörende Person, welche durch mein verzweifeltes Flehen bewogen wurde, mich auf einer geheimen Treppe und durch eine geheime Thür zu ihr zu führen. Stephanie verlangte in höchster Aufregung Nachrichten von ihrem Kinde, und beschwerte sich bitter, daß man sie fernhalte, angeblich weil der Anblick des Kindes für sie zu angreifend sei. Mir wurde darauf Jemand mitgegeben, der dafür sorgen sollte, daß ich zu dem Kinde gelange. Als wir aber in die Nähe des betreffenden Gemaches kamen, erfolgte wiederum die schärfste Abweisung. Es hieß, „der Prinz sei bereits todt."

Drängt sich schon hier die Frage auf: „warum eine solche beispiellose Heimlichkeit?" so wird der Verdacht noch gesteigert, wenn wir das Zeugniß der damaligen Hofdame Gräfin von Benzel-Sternau hinzunehmen. Dieselbe versichert, daß die Großherzogin Stephanie nicht nur, wie wir vernommen, das Kind in der Krankheit nicht sehen durfte, sondern auch nicht einmal des Anblickes der Leiche theilhaft wurde!

Man kann sich hiebei freilich nicht der Verwunderung erwehren, wie es möglich war, daß der Gemahlin des regierenden Fürsten im eignen Hause eine solche Behandlung zu Theil wurde. Hatte Stephanie nicht das Recht und die Pflicht, sich die unmittelbare mütterliche Einwirkung auf ihr Kind nöthigenfalls zu erzwingen? Mag die Großherzogin in dieser Hinsicht etwas versäumt haben, jedenfalls trifft die Hauptschuld den Regenten. Indem Großherzog Carl seine Gattin ohne Schutz und Unterstützung ließ, hat er einen bedauerlichen Beweis seiner Schwäche oder Gleichgültigkeit gegeben. Uebrigens wurde die Gemüthsstimmung Carls inmitten der geschilderten Ereignisse immer trüber. Er vermuthete, daß man ihm 1815 während des Wiener Congresses Gift beigebracht habe: ja, er soll auch, wie Varnhagen von Ense berichtet, kurz vor seinem Tode die Ueberzeugung kund gegeben haben, daß seine beiden Söhne keines natürlichen Todes gestorben seien. —

Ich führe jetzt einige Thatsachen an, welche für die Identität Caspar Hauser's mit dem 1812 geborenen und bei Seite geschafften Erbprinzen sprechen.

Zunächst dürfte es bemerkenswerth sein, daß in dem Briefe, welchen Hauser 1828 in Nürnberg vorzeigte, gerade das Jahr 1812 als Geburtsjahr des Ueberbringers angegeben wird. Dazu kommt, daß mehreren Personen die unverkennbare Aehnlichkeit des Findlings mit dem Großherzog Carl, sowie mit einer Tochter desselben aufgefallen ist.

Einmal besuchte eine Dame aus Ansbach, welche den dort lebenden Caspar genau kannte und sich für ihn interessirte, das Kloster Lichtenthal in Baden. Als sie in einem der Klosterräume das Portrait des Großherzogs Carl erblickte, fiel sie in Ohnmacht. Nachdem sie wieder zu sich gekommen war, sagte sie, das Bild sei dem Findling so außerordentlich ähnlich, daß sie nothwendig an ihn habe denken müssen. Durch die Erinnerung an alle dem Unglücklichen zugefügten Leiden sei sie bei der Betrachtung des Bildes überwältigt worden.

Ferner: Am Rhein trafen auf einer Reise einige Ansbacher Gymnasiasten mit der Prinzessin Luise Wasa zusammen, ohne sie zu kennen. Von deren Anblicke wurden die jungen Leute ganz überrascht und sagten: „die Dame sieht dem Caspar Hauser so ähnlich, daß man glauben sollte, sie sei seine Schwester."

Dergleichen Kundgebungen waren um so mehr geeignet die Aufmerksamkeit der badischen Bevölkerung zu erregen, als bereits mehrere Jahre vor Hauser's Erscheinen in Nürnberg ein dunkles Gerücht aufgetaucht war, daß irgendwo ein echter Thronerbe widerrechtlich und schmachvoll gefangen gehalten werde. Es fand nämlich nach dem Berichte der Vossischen Zeitung vom November 1816 ein Schiffer im October desselben Jahres auf dem Rhein eine schwimmende Flasche, welche einen Zettel mit folgender Erklärung in lateinischer Sprache enthielt:

„Ich bin im Gefängnisse, mein Kerker ist unterirdisch. Der, welcher an meiner Stelle regiert, kennt den Ort nicht. Mehr kann ich nicht schreiben, weil man mich scharf und grausam bewacht."

Die Anbringung einer unverständlichen Namensunterschrift und die Angabe eines Ortes, in welchem sich Hauser damals aller Wahrscheinlichkeit nach nicht befunden hat, mögen den Zweck gehabt haben, Andeutungen zu geben, zugleich aber die Auffindung zu erschweren. Auf den im Jahre 1816 noch lebenden Großherzog Carl von Baden kann die Bemerkung, daß ein Anderer an Stelle des eigentlich Berechtigten regiere, sich nicht beziehen. Vielleicht wollte das Schreiben ausdrücken, daß der, welcher durch Beseitigung des Erbprinzen das nächste Anrecht auf die Thronfolge erhalten hatte, nemlich Prinz Ludwig, den in Betracht kommenden Ort nicht kenne.

Zur weiteren Orientirung haben wir uns noch einige Fragen vorzulegen und zu beantworten. Zunächst fragen wir: zu welchem Zwecke mag die grauenhafte Entführung eines unschuldigen Kindes erfolgt sein?

Die Gräfin Caroline Luise von Hochberg wird als eine höchst verschmitzte und intriguante Person geschildert, die gegen die edle Großherzogin Stephanie einen unverhohlenen Haß zur Schau getragen habe. Zur Befriedigung ihres maaßlosen Ehrgeizes lag ihr vor Allem daran, ihren eigenen Kindern, die aus der morganatischen Ehe Carl Friedrich's stammten, wie auch immer die Thronfolge im Großherzogthum zu verschaffen. Das Hausgesetz von 1806 allein konnte ihr nicht genügen. Es mußten wirksamere Mittel angewendet werden, um die letzten männlichen Zähringer aus dem Wege zu räumen. Ob bereits das Ableben des Erbprinzen Carl Ludwig, des Prinzen Friedrich und des Großherzogs Carl durch die Gräfin beschleunigt worden ist, kann nicht erwiesen werden. Dagegen ist sie ohne Zweifel die Urheberin der Frevelthaten von 1812 und 1817 und zwar höchst wahrscheinlich unter Mitwissenschaft und Beihülfe des spätern Großherzogs Ludwig, dessen Leibarzt und Kammerdiener die Gräfin eifrig unterstützten. Diese Betheiligung Ludwig's ließe sich um so leichter erklären, wenn das Gerücht begründet wäre, daß Ludwig zeitweise mit der Gräfin in einem unerlaubten Verhältniß gestanden habe. Jedenfalls war der Tod oder die Beseitigung der beiden Söhne Carls auch für Ludwig von Bedeutung, da ihm selbst der Thron zufiel, bevor die Hochberg'sche Linie berufen werden konnte.

Wir fragen ferner: Wie kam es, daß man das entführte Kind am Leben ließ und aufbewahrte? Wäre eine sofortige Tödtung nicht in größerer Uebereinstimmung mit den verbrecherischen Hochberg'schen Plänen gewesen? Hierüber Folgendes:

Wie bemerkt wurde, blieb Ludwig als Prinz und dann als Großherzog bis zum Tode unvermählt. Seine Ehelosigkeit soll aber (so erzählt man) nicht sein eigener und unbeeinflußter Entschluß, sondern die Folge eines der Gräfin Hochberg förmlich und feierlich geleisteten Versprechens gewesen sein. Natürlich wäre ungeachtet dieses Versprechens die Gräfin nie im Stande gewesen, den Fürsten an der

Eingehung einer standesgemäßen Ehe und an der Erzielung einer ebenbürtigen männlichen Nachkommenschaft zu hindern. Indem nun die Gräfin die Möglichkeit einer unliebsamen Verheirathung Ludwigs in Betracht zog, dürfte sie etwa folgende Erwägung angestellt haben:

„Wenn Ludwig sein Versprechen bricht und sich vermählt, soll er wenigstens meine Rache empfinden. Durchkreuzt und vereitelt er meine Absichten, so will ich ihm selbst Verlegenheiten bereiten und seiner etwaigen Nachkommenschaft den Zugang zum Throne versperren."

Es leuchtet ein, welch' einen wirksamen Druck die Gräfin auf Ludwig üben konnte, indem sie den Sohn Carls in Bereitschaft hielt, welcher vorgeschoben werden konnte, falls der Fürst Heirathsgedanken äußern würde. Zu einer solchen Pression genügte das Vorhandensein eines Agnaten aus der Ehe Carl's und Stephanie's: deshalb wurde nur der ältere Prinz am Leben erhalten. Der jüngere, von dem sich jede Spur verloren hat, ist jedenfalls auf eine nicht weiter bekannt gewordene Art getödtet worden. Offenbar erfuhr Ludwig nichts von der Aufbewahrung des älteren Prinzen, da dieselbe gerade zu seinem Nachtheil geschah.

Wir kommen zu einer dritten Frage. Wo mag der Schreckensort gewesen sein, in welchem Hauser schmachtete?

Von dem bei Carlsruhe gelegenen Schlosse, in welchem, wie wir hörten, das geraubte Kind untergebracht worden, gelangte dasselbe höchst wahrscheinlich nach Ungarn, wo es etwa bis zum vierten Lebensjahre in Freiheit gelebt haben mag. Caspar selbst kannte einige ungarische Worte und Sätze. Als er den Namen Istwan (d. h. auf deutsch Stephan) hörte, meinte er, daß er früher einmal so gerufen worden. Auch stieg hin und wieder die Vermuthung in ihm auf, daß er vor seiner Einkerkerung in einem schönen geräumigen Hause gewesen sei. Aus Ungarn ist das etwa 4jährige Kind an den Ort gebracht worden, in dem es bis zum Jahre 1828 verblieb. Die vorhin erwähnte Quelle, welche der Gräfin Hochberg die Vollziehung des Raubes zuschreibt, weiset hin auf das zwei Stunden von Ansbach sehr einsam gelegene kleine Jagdschloß **Falckenhaus**. Dasselbe hatte im Jahre 1796 der Gräfin Hochberg während der damaligen Kriegswirren zur Zuflucht gedient, und stand später fast unbenutzt und zwecklos da. Der Mann, der es über sich gewann, die Rolle des Kerkermeisters zu vertreten, soll Caspar Müller geheißen haben. Vielleicht mit Bezug auf diesen Mann hat der Geleitsbrief dem Verstoßenen den Vornamen Caspar beigelegt. Den Zunamen Hauser will man erklären aus der Mittheilung des Briefes, daß der Betreffende „nicht aus dem Hause gelassen" worden sei. Mir scheint diese Ableitung nicht glücklich. Ich möchte dagegen die meines Wissens bisher noch nicht geäußerte Vermuthung festhalten, daß die Schlußsilbe des Wortes Falckenhaus als Anhaltspunkt für den Zunamen gedient habe. Hiernach enthielten die zwei Worte Caspar Hauser (letzteres verkürzt statt **Falckenhauser**) Hindeutungen einerseits auf den **Kerkermeister**, andererseits auf den **Kerker** selbst. Immerhin ist es eine merkwürdige Fügung, daß Hauser während seines zweijährigen Ansbacher Aufenthalts sich ganz in der Nähe seines früheren Gefängnisses befunden hat, ohne es zu wissen, und daß auch sein Tod unfern vom Schlosse Falckenhaus erfolgte.

Es bleiben uns noch zwei Fragen zur Beantwortung übrig. Warum hat man den Unglücklichen aus seinem Gefängnisse **entlassen** und warum hat man ihn später **gemordet**?

Die Motive zur Entlassung kann man wohl nicht mehr mit Sicherheit nachweisen. Es ist möglich, daß der Kerkermeister vor der Fortsetzung seiner furchtbaren Rolle ein Grauen empfunden und das Opfer auf eigene Hand befreit habe. Für diese Annahme würde ich mich sofort

entscheiden, wenn nicht die Fassung des mitgegebenen Brie=
fes darauf hinwiese, daß bei der Befreiung gerade solche
Personen im Spiele gewesen sein dürften, welche in das
Geheimniß eingeweiht waren und dem Attentate von 1812
sowie den folgenden Schritten nahe standen.

Die betheiligten Subjecte werden geglaubt haben, daß
der altersschwache Großherzog Ludwig im Jahre 1828 keine
Ehe mehr eingehen und keiner ebenbürtigen Nachkommen=
schaft mehr theilhaft werden würde. Sie werden gemeint
haben: „Den wahren Ursprung des Gefangenen wird
Niemand ermitteln, deshalb mag er in Freiheit gesetzt wer=
den." Aus dem Gefühl vollster Sicherheit ist es zu erklä=
ren, daß man sich dazu verstand, im Geleitsbrief nicht nur
die Namensbezeichnung aus bedeutungsvollen Anspielungen
auf die Umgebung des Jünglings zu bilden, sondern auch
das Geburtsjahr desselben richtig anzugeben. Als jedoch
die räthselhafte Erscheinung des Nürnberger Ankömmlings
wider Erwarten die allgemeinste Theilnahme erregte und zu
eindringenden Nachforschungen reizte, wurden neue Ver=
brechen geplant. Der Mordversuch vom Jahre 1829 schlug
freilich fehl: man gönnte darauf dem Jüngling, der in
Folge dessen in Nürnberg sorgfältiger bewacht wurde, noch
eine Zeitlang das Leben. Da trat Feuerbach auf, um die
feingesponnenen Ränke aufzudecken. Nun war keine Zeit
mehr zu verlieren. Caspar Hauser mußte sterben.

Daß durch die beiden gegen Hauser's Person gerichte=
ten Attentate das Hochbergische Interesse an der Thronfolge
im Großherzogthum gefördert werden sollte, läßt der Zu=
sammenhang unschwer erkennen. Gleichwohl darf man nicht
übersehen, daß die Gräfin Hochberg selbst bereits im Jahre
1820 gestorben war, also nicht mehr unmittelbar in die
Geschicke Hauser's eingreifen konnte. Ludwig lebte noch
im Jahre 1829. Da er der Unthat des Jahres 1812 nicht
fern stand, so braucht man auf diejenigen keinen Stein zu

werfen, welche dem Großherzog eine Mitwissenschaft in Betreff des Nürnberger Mordversuchs zuschreiben möchten. Als aber Hauser 1833 im Hofgarten zu Ansbach durchbohrt wurde, gehörte Ludwig bereits nicht mehr zu den Lebenden. Auf die Söhne der Gräfin Hochberg endlich hat bis jetzt noch Niemand auch nur den leisesten Verdacht zu wälzen gewagt.

Ich gestehe offen, daß die eben angegebenen Umstände, namentlich die Thatsache, daß die Gräfin Hochberg Hauser's Erscheinen nicht mehr erlebte, vielleicht dazu angethan sind, Manches von dem, was wir bisher als erwiesen betrachteten, einigermaßen in Frage zu stellen. Sollte es nicht natürlicher und erklärlicher sein, insbesondere die beiden nach dem Tode der Gräfin vollzogenen Attentate von jedem politischen Character zu entkleiden und in denselben bloß die Aeußerungen unbeeinflußter verbrecherischer Rohheit oder elender Privatrache zu erblicken? Ohne die Berechtigung zu einem derartigen Einwande zu leugnen, bin ich doch der festen Ueberzeugung, daß wir uns durch den Schein nicht beirren lassen dürfen.

Es bleibt uns keine Wahl. Entweder müssen wir Alles, was in der betreffenden Richtung während der Jahre 1812 bis 1833 geschah, als ein Gewebe der erstaunlichsten Unbegreiflichkeiten, als ein wahres Chaos von sonderbaren Zufällen betrachten: oder wir müssen uns, um für die Vollziehung der beiden Verbrechen von 1829 und 1833 einen haltbaren Grund zu finden, zu der Annahme entschließen, daß die Gräfin Hochberg zu ihren Lebzeiten eine weitreichende Verschwörung organisirt und die Verschworenen durch großartige Bestechungen und schreckliche Eide ihren ehrgeizigen Planen unbedingt und für alle Fälle dienstbar gemacht hat. Während oft gute und menschenfreundliche Unternehmungen wegen der Lauheit und Nachlässigkeit der Betheiligten im Sande verlaufen, während so

manches heilsame Versprechen ungeachtet der dringendsten
Mahnungen unerfüllt bleibt, bietet sich uns hier das ebenso
seltene als unheimliche Schauspiel dar, daß zu Gunsten
einer bereits verstorbenen Frevlerin der größte Eifer
und die unerschütterlichste Hingebung entfaltet wird.

Auf die unheilvolle Wirksamkeit jenes furchtbaren
Bundes sind auch wohl die Machwerke zurückzuführen,
welche namentlich seit den 30ger Jahren versuchten, Hauser
als einen elenden Buben und heillosen Betrüger zu verun=
glimpfen. Nicht genug. Es wurde eine neue unerhörte
Schandthat verübt.

Wenige Monate vor Hauser im Mai 1833 starb ganz
plötzlich dessen unerschrockenster und charactervollster Beistand,
Anselm von Feuerbach. In der von Ludwig Feuerbach
verfaßten Lebensbeschreibung heißt es wörtlich:

„Das Publicum schrieb seinen Tod einer Vergiftung
wegen seiner Theilnahme an Caspar Hauser's Schicksal zu."

Es würde uns hier zu weit führen, die Annahme des
Giftmordes genau zu begründen. Ich beschränke mich auf
die Bemerkung, daß nach den Mittheilungen, welche außer
Ludwig Feuerbach von Daumer und dem Staatsrath Klüber
gemacht sind, das Urtheil des Publicums wohl das Richtige
getroffen hat.

Einige Zeit nach Hauser's Tode gelang es, einen Mann
zu entdecken, der in die Geheimnisse des Carlsruher Schlosses
hinlänglich eingeweiht schien. Am 15. Januar 1834 em=
pfing der Director des Stadt= und Kreisgerichts zu Ans=
bach von Kolhagen ein anonymes Schreiben des Inhalts,
daß Caspar Hauser ein badischer Prinz gewesen sei und
daß der frühere badische Minister von Hacke darüber Aus=
kunft zu geben wisse. Hacke, der sich nach Niederlegung
seines Portefeuille's nach Bayern begeben hatte und seitdem
theils in Bamberg theils in andern Städten des Landes
privatisirte, soll gelegentlich zu einem Baron von Hutten

geäußert haben: „Ich könnte über Hauser alles sagen, aber ich bin durch einen Eid gebunden." Wie dem auch sein möge, das Ansbacher Gericht glaubte jenen Brief nicht unbeachtet lassen zu dürfen und entschied sich dahin, daß Hacke vernommen werden solle. Was geschah? Hacke nahm die gerichtliche Vorladung sehr übel, zeigte sich entrüstet, daß man ihn der Mitwissenschaft in der betreffenden Angelegenheit verdächtig halte, verweigerte jede Auskunft und drohte, falls man ihn noch weiter belästigen würde, mit einer Beschwerde bei dem Badischen Gesandten in München. Derartige Einwendungen erschienen jedoch dem Gerichte keineswegs stichhaltig. Auch die zweite Instanz erklärte die Weigerung Hacke's für grundlos. Der Termin zur ersten Vernehmung wurde auf den 21. März 1834 festgesetzt. Diesen Termin erlebte Hacke jedoch nicht mehr: es wird versichert, daß er sich kurz zuvor entleibt habe. Wäre Hacke ganz unschuldig gewesen, so würde er in aller Ruhe erklärt haben, daß ihm die ganze Angelegenheit völlig unbekannt sei. Die leidenschaftliche Empfindlichkeit aber und das auffallende Bestreben, sich der Ablegung des Zeugnisses zu entziehen, bekundeten nur zu deutlich, daß die Angabe jenes Briefes richtig war.

Ehe wir nun das eigentliche Werkzeug der Hochbergschen Anzettelungen namhaft machen, erwähnen wir einige untergeordnete Personen, welche allerdings keine förmlichen Verbrechen begingen, deren Benehmen gegen Hauser sich jedoch kaum erklären läßt, wenn man nicht annimmt, daß dieselben durch Geld oder anderweitige Verlockungen in den Dienst der Verschwörung hineingezogen seien.

Es ist hier zunächst der englische Lord Stanhope zu nennen. Derselbe lernte auf einer Reise unsern Caspar in Nürnberg kennen und trug bald eine besondere Vorliebe für ihn zur Schau. Er erklärte sich bereit, den Findling als Pflegesohn anzunehmen und ihn zu sich nach England kommen

zu lassen. In seiner Vorstellung an das Stadt- und Kreis-
gericht Nürnberg vom 21. November 1831 sagte der Lord:
„Der Unterzeichnete fühlt um so mehr den Beruf, sich
des unglücklichen Caspar Hauser anzunehmen, als er bei
langem Umgang mit ihm aus mehrfacher Erfahrung die
wohlthuende Ueberzeugung gewonnen hat, wie sehr ihm
dieses kindliche Gemüth in liebender Anhänglichkeit und
Dankbarkeit ergeben sei."

Hauser selbst gab darauf vor dem gedachten Gericht
folgende protocollarische Erklärung ab:

„Ich habe mich überzeugt, daß Herr Graf Stanhope
an meinem Schicksale einen so warmen Antheil nimmt,
als ihn nur immer ein Vater für seinen Sohn nehmen
kann."

Sogar Feuerbach hielt den englischen Lord für einen
wahren Freund des Verlassenen und widmete ihm die vorhin bezeichnete Broschüre, in deren Einleitung es heißt:

„Niemand hat nähere Ansprüche an diese Schrift, als
Eure Herrlichkeit, in dessen Person die Vorsehung dem
Jüngling ohne Kindheit und Jugend einen väterlichen
Freund, einen vielvermögenden Beschützer gesendet hat.
Jenseits des Meeres, im schönen Alt-England haben Sie
ihm eine Freistätte bereitet, bis die aufgehende Sonne der
Wahrheit die Nacht verdrängt, die über dem geheimniß-
vollen Schicksale dieses Menschen liegt. Eine solche That
kann Ihnen nur der Genius der Menschheit vergelten. In
der großen Wüste unserer Zeit, wo unter den Gluthen ei-
gensüchtiger Leidenschaft die Herzen immer mehr ver-
schrumpfen und verdorren, endlich wieder einem wahren
Menschen begegnet zu sein, ist einer der schönsten und unver-
geßlichsten Eindrücke meines abendlichen Lebens."

Tucher jedoch, der als Vormund Hausers in Nürnberg
den Lord und dessen Auftreten genauer beobachten konnte,
urtheilte nicht so günstig. Er fand, daß der Lord keinen

guten Einfluß ausübe und rügte es namentlich, daß seinem
Pflegling unnützer Weise größere Summen Geldes gegeben
und höchst unzweckmäßige Genüsse bereitet wurden. Die
Folgezeit bewies, wie sehr Tucher's Mißtrauen begründet
war. Bereits erwartete Hauser, von dem Lord nach England berufen zu werden: wie sehr mußte er also enttäuscht
werden, als unter nichtigen Vorwänden die Berufung un-
terblieb. Höchst befremdlich und geradezu unerklärlich wurde
aber das Auftreten Stanhope's nach Hauser's Tode. Hatte
der Lord den Findling in früheren Zeiten mit einer wahren
Affenliebe verfolgt, so gereichte es ihm, als Hauser nicht
mehr lebte, zur besonderen Freude, denselben offen anzu-
klagen und schonungslos zu verurtheilen. Ja, er war so
verblendet, sich zu Daumer zu begeben, mit der ausge-
sprochenen Absicht, denselben zu einem Zeugnisse gegen
Hauser zu verleiten. Alle Aufschlüsse, die ihm von Daumer
gegeben wurden, und hinlänglich darthaten, daß der Findling kein schlechtes Subject gewesen und seinen früheren
Gönner keineswegs betrogen habe, blieben ohne Erfolg.
Da merkte Daumer's hochbetagte Mutter, was der Lord im
Schilde führe; sie beschwor ihn mit tief bewegter Seele,
die Asche eines Unglücklichen, der ihm einst so kindlich ver-
traut habe, und von dem er wisse, daß er kein Bösewicht
gewesen sei, nicht mit Schimpf und Schande zu bedecken.
Einer solchen durchdringenden Vorhaltung war der Lord
nicht gewachsen. Er wurde verlegen, erröthete, brachte stot-
ternd die Entschuldigung vor, daß dem Hauser jetzt ja
nichts mehr schaden könne, eilte schnell von dannen, und
ließ sich nie wieder bei Daumer sehen. Man darf hiernach
wohl der Aussage eines englischen Advocaten glauben, welcher bestimmt behauptete, daß Stanhope zu Ungunsten
Hauser's durch Geld bestochen worden sei. —

Eine andere nicht minder verdächtige Figur ist der
bayrische Gensdarmerie-Offizier Hickel in Ansbach. Dieser

schien sich die Aufgabe gesetzt zu haben, dem Jüngling das
Leben recht schwer zu machen und alle Schritte desselben
mit dem unverhohlensten Mißtrauen zu verfolgen. Man
hatte erfahren, daß Hauser ein Tagebuch führte. Alsbald
drängte sich Hickel ein und suchte mit Gewalt den Besitz
des Tagebuchs zu erlangen, als ob dasselbe höchst Gefähr=
liches enthalte. Seinen Zweck erreichte Hickel allerdings
nicht: das Tagebuch war verschwunden. Er suchte sich aber
durch empörende Schimpfreden und förmliche Mißhandlun=
gen an Hauser zu rächen, so daß dieser in den Klageruf
ausbrach: „Wenn man mich fortwährend so behandelt, dann
liegt mir am Leben nichts. Ich habe ja auch früher nicht
gelebt und lange nicht gewußt, daß ich lebte." Hiernach
wird es uns nicht wundern, daß, als Hickel unaufgefordert
an Hauser's letztem Krankenlager erschien, der Sterbende
zusammenfuhr und kaum die Fassung bewahren konnte.

Sehr schwer hat sich an Hauser auch der Lehrer Meyer
in Ansbach versündigt. Weit entfernt, seinem Pensionär
mit Liebe und Freundlichkeit zu begegnen, behandelte er ihn,
wie es schien, nach Hickel's Anweisung. Wahrhaft empörend
war das Gebahren gegen den bereits tödtlich Verwundeten.
Unmittelbar nach dem Attentat im Hofgarten eilte Caspar
nach Hause, um das Vorgefallene zu berichten. Anstatt
nun aber dem Verletzten sofort die sorgsamste Pflege ange=
deihen zu lassen, zwang Meyer ihn, sich noch einmal auf
den Weg zu machen, um die Stätte der Verwundung zu
zeigen. Selbst den Sterbenden ließ Meyer nicht in Ruhe.
Er suchte ihm schnöder Weise (wenn auch vergeblich) das
Bekenntniß zu entlocken, daß er ein Betrüger und Selbst=
mörder sei.

Endlich kommt der eigentliche Hauptleiter der Hoch=
berg'schen Verschwörung an die Reihe, der badische Major
von Hennenhofer. Nach seinem eigenen Geständniß war
Hennenhofer derjenige, welcher in jener Octobernacht des

Jahres 1812 den geraubten Prinzen aus der Hand des von der Gräfin gewonnenen Kammerdieners empfing und den weiteren Transport leitete. Im Jahre 1815 befand sich Hennenhofer als Feldjäger in der Begleitung des Großherzogs Carl auf dem Wiener Congreß. Später avancirte er im Militärdienste und wurde als entschiedener Günstling Ludwigs sogar zeitweise Minister der auswärtigen Angelegenheiten. Nach Ludwigs Tode jedoch blieb er von jeder amtlichen Thätigkeit dauernd ausgeschlossen.

Seitdem wendete sich die öffentliche Meinung in Baden immer entschiedener und rückhaltsloser gegen Hennenhofer. Mit Heißhunger verschlang man einige im Auslande erschienene Broschüren, welche die schwersten Anklagen gegen ihn schleuderten. Von einer Seite wurde versichert, daß niemand anders als Hennenhofer 1829 mit blinkendem Beile in Daumers Haus eingedrungen war. Andere wollten wissen, daß von Hennenhofer ein bayrischer Soldat angeworben sei, der den Mord im Ansbacher Hofgarten vollzogen und sich mit dem Blutgeld eine Besitzung im Württembergischen gekauft habe. Im März 1848 wäre Hennenhofer fast um's Leben gekommen, als tief erregte und erbitterte Volkshaufen gegen ihn anstürmten.

Der so übel beleumdete Mann, der im Jahre 1850 starb, hat sehr ausführliche Memoiren verfaßt, deren Urschrift er, wie verlautet, im Jahre 1849 einer schweizerischen Cantons-Regierung mit dem Auftrage übergeben hat, die Veröffentlichung erst 30 oder 50 Jahre nach seinem Tode zu bewirken. Indessen sind schon bei Lebzeiten Hennenhofer's, sei es durch Indiscretion vertrauter Personen, sei es mit Zulassung des Verfassers, einzelne Parthien der Memoiren bekannt geworden. Daumer selbst war in der günstigen Lage, Bruchstücke derselben benutzen zu können. Gerade in den Hennenhoferschen Memoiren ist der Prinzenraub des Jahres 1812 als eine That der Gräfin Hochberg bezeichnet und die fördernde Mitwirkung des Verfassers eingestanden. Sollten jene Memoiren einst vollständig an's Licht treten, so würden für manche Einzelnheiten juristische Beweise und unmittelbare Zeugnisse gewonnen werden, die man jetzt nur als moralisch gewiß oder höchst wahrscheinlich bezeichnen kann.

Hochverehrte Anwesende! Der Caspar Hauser'sche Fall ist ein wunder Punkt in der Badischen Geschichte, er wirft dunkle Schatten in das Innere eines deutschen Fürstenhauses. Je mehr aber das deutsche Volk gegenwärtig Ursache hat, sich seiner Regentenfamilien zu freuen, desto weniger liegt ein Anlaß vor, dasjenige todtzuschweigen oder zu vertuschen, was vor einigen 50 oder 60 Jahren im Schlosse zu Carlsruhe Böses geplant und verübt worden ist. Hoffentlich wird die Geschichte unseres Volkes niemals ähnliche Anzettelungen und Frevelthaten zu verzeichnen haben! So lange man des Nürnberger Findlings mit Wehmuth und Theilnahme gedenken wird, so lange wird Feuerbach's ruhmvoller Name mit Stolz genannt werden. Aber auch Daumer verdient für seine emsigen Forschungen und die siegreiche Ehrenrettung Caspar Hauser's den aufrichtigsten Dank. Ich schließe mit der Verlesung eines Gedichtes, welches Daumer mit Bezug auf den neuesten Versuch, den schuldlosen Jüngling zu verunglimpfen, verfaßt und in seinem mehrerwähnten Werke veröffentlicht hat. Das Gedicht hat die Form eines Zwiegesprächs zwischen dem Dichter und dem Verklärten:

"Zu Ende geht mein Erdenlauf,
Bald wird die letzte Kraft ermatten;
Da steigt noch einmal vor mir auf,
Du armes Kind, dein blut'ger Schatten.

Dein Geistermund, er haucht mir zu:
„O Du mein Freund zu allen Zeiten,
Mein Kämpfer und mein Schützer Du,
In allen noch so schweren Streiten.

Ich war — das ist Dir tief bewußt —
Gräu'lhaft zu handeln nie im Stande.
Der Eine traf mich in die Brust,
Die Andern deckten mich mit Schande.

Du strittest hier, du strittest dort;
Der Sieg der Unschuld war entschieden:
Und ich in meinem dunkeln Port
Schlief wiederum in tiefem Frieden.

Doch nimmer ruht der Hölle List,
Der Hölle Grimm auf dieser Erden;
Aufs Neue nach so langer Frist
Soll ich beschimpft, zertreten werden.

Laß Deine Lieb' und Deinen Muth
Mich auch in diesem Kampf erproben;
Nimm mich auch jetzt in deine Hut!
Nicht fehlen wird die Kraft von oben."

Du sprichst es und ich bin zur Hand;
Ich und mein Schwert, wir sind die alten,
Und heilig ist der Treue Band:
Wir werden unser Amt verwalten."